德国法学名家名篇

BEDEUTENDE WERKE DEUTSCHER JURISTEN

论作为科学的法学的
不可或缺性

［德］卡尔·拉伦茨 著

赵阳 译

商务印书馆

Karl Larenz
ÜBER DIE UNENTBEHRLICHKEIT DER JURISPRUDENZ ALS WISSENSCHAFT
© Copyright Walter de Gruyter & Co. 1966
本书根据 Walter de Gruyter 出版社 1966 年版译出

德国法学名家名篇

编译委员会主任： 米　健

编译委员会委员： 王洪亮　冯　军　田士永　米　健
　　　　　　　　　　邵建东　张　彤　郑永流　舒国滢

选题推荐人、顾问：

伯阳 / 科隆大学（Björn Ahl，Universität Köln）

乌韦·布劳洛克 / 弗莱堡大学

　　（Uwe Blaurock，Universität Freiburg）

何意志 / 科隆大学（Robert Heuser，Universität Köln）

鲁尔夫·克努特尔 / 波恩大学

　　（Rolf Knütel，Universität Bonn）

赫尔穆特·科尔 / 法兰克福大学

　　（Helmut Kohl，Universität Frankfurt）

罗士安 / 明斯特大学

　　（Sebastian Lohsse，Universität Münster）

孟文理 / 帕骚大学（Ulrich Manthe，Universität Passau）

胜雅律 / 弗莱堡大学

　　（Harro von Senger，Universität Freiburg）

编译工作部主任： 王洪亮

编译工作部副主任： 颜晶晶　王　萍

编译工作部成员： 王洪亮　王　萍　刘　铭
　　　　　　　　　　沈建峰　颜晶晶　傅广宇

"德国法学名家名篇"

序

"德国法学名家名篇"是在 1998 年启动的,至今仍在实施的"当代德国法学名著"已有工作基础上展开的,可以说前者是后者的姊妹篇。翻译德国著名法学家经典名篇的想法早在"当代德国法学名著"翻译计划执行中期,大概 2004 年前后就已产生,而且与《德汉法律大辞典》的准备工作同时展开。但是,正像许多事情想着容易,做起来难,这两项工作的实际操作远比想象和设计的难得多、复杂得多。资料上、法律上、技术上和人力上等因素,都影响了既定计划如意展开。不过,更重要的原因是,这些年来,我们的主要精力和时间都投入到了"当代德国法学名著"的翻译计划,而学界对其成果的关注和赞誉,也令我们多少有些"功成名就"的感觉,于是乎,对"德国法学名家名篇"绸缪甚久,雨焉不至也就不那么在意了。2011 年,"当代德国法学名著"编委会编译工作部第十一次工作会议上最后明确了翻译工作的重点将从"名著"转移到"名家名篇",两年后,我们终于有了第一批译稿可以付梓问世。

"德国法学名家名篇"译事的立意是:在"当代德国法学名著"译事的基础上,进一步着重从理论、文化的角度翻译介绍能够反映德国法思想基础、理论源流、文化特征和历史传统的学术论文,从而推动更深入、更系统和更准确地认识德国法及其制度的思想与文化基础。"当代德国法学名著"与"德国法学名家名篇"之间并非绝对的区别在于以下几个方面:第一,前者是翻译著作,包括教科书和专著等,后者则是翻译学术论文,简单说,是名著与名篇之间的区别。第二,前者着重于制度和一般理论,后者则着重于学术理论及其思想文化基础。如果说前者的读者群是所有的法律人,尤其是处于本科和硕士研究生学习阶段以及法律实务工作者的话,那么后者的读者群则是所有研究生、法学教师和从事法学研究的人,当然,这并不排除有兴趣探索制度究竟或其学术理论基础的实务界同行阅读。第三,前者有时间跨度限制,后者则没有。"当代"本身已表明文献选材的时间范围,即指向那些对现今德国法学教育和法

序

律制度发展有直接影响的代表性题材，这是当初和德国学者们达成共识的原则与方向。虽然已翻译出版的选题中有个别超出了"当代"的范围，但只是例外。而与此不同，后者的文献选题没有时间跨度的限定，也就是说，它可以超出"当代"的时间范围，十八世纪、十九世纪的优秀作品都在此计划的视野之内。

"德国法学名家名篇"命题的本意是，将德国法学名家的成名奠基之作，进一步说，将德国法律界公认的，对于德国法和德国法学发展具有标志性、创造性和里程碑意义的法学大家的论文，有选择地翻译介绍给中文读者，使他们通过阅读德国著名法学家成名与传世之作，对德国法发展的时代节奏、理论脉络、思想渊源和文化基础等获得更深入、更准确的认识。在此，首先要确定的是"名家"，然后是他们最为重要、最有代表性的文章。应该说，确定既往的名家较容易达成共识，但对当今在世的名家，往往会有不同的意见，而这种评价上的分歧只有通过时间来消除。正因如此，现在读者看到的大部分选题，大都是过往法学名家的作品。当然，这个标准不是绝对的，某些对德国法学或德国法治发展显然具有不可忽略影响的作品，即使其作者的名望尚未经时间塑造定格，也都会被纳入到这个系列中来。

在"德国法学名家名篇"即将问世之际，不由地让我想起许多曾经帮助过我们的德国老朋友，他们有的已经退休，有的甚至已经离我们而去，但他们的友情、帮助和支持曾经是，现在和将来都是我们从事中德文化交流事业的动力。在此，我特别要对一直以来支持帮助我们工作的德方顾问们表示真诚的感谢。他们不仅和我们一起走过了十五年的法律文化交流之旅，而且还将在未来的工作中仍与我们结伴而行。他们的支持和合作是无价的，我们唯一能够回报的，就是向他们致敬，并且为我们共同开辟的事业更努力地工作。

必须要说的是，在过去的十五年里，德国文化交流中心（DAAD）对我们给予了极大的支持和帮助。可以说，没有该中心的支持帮助，"当代德国法学名著"就没有今天的成果，"德国法学名家名篇"也可能就无缘做起。连续十五年对一个项目给予支持，是该中心少有的例外，既表明了它对我们所做项目的重要性有足够的认识，也显示出它对我们长期以来所做工作的信任与肯定。

最后，我还想借这个机会对"当代德国法学名著"编委会和编辑部的朋友和同事，对所有参与过我们翻译

序

项目的同事，表示衷心的感谢。编委会成员来自不同的高校，各有不同的工作岗位，但是为了一个共同的目标，不求任何利益，聚首相谋，同心协力，从而使得一个足以影响中国法学潮流和制度走向的翻译工程成功实施。编译工作部承担着翻译项目实施的各项管理工作，庞杂琐碎，头绪甚多，没有他们的辛勤劳动，翻译工程就难以进行到今天。与此同时，我还想说的是，"当代德国法学名著"之所以能够获得成功，"德国法学名家名篇"之所以能够继之展开，法律出版社和商务印书馆领导、同事和朋友功不可没，情未敢忘。铭感于心，用以自勉矣！

愿"德国法学名家名篇"给有缘的读者带来阅读的愉悦和思想的启迪。

癸巳年晚秋于澳门氹仔学院路

卡尔·拉伦茨（Karl Larenz，1903—1993）

1903年4月23日生于维塞尔，1993年1月24日逝于慕尼黑，德国20世纪民法学家、法哲学家。曾先后在柏林、马尔堡、慕尼黑和哥廷根学习法律，1926年以论文《黑格尔的归责学说以及客观归责的概念》获得哥廷根大学法学博士学位，1929年以论文《法律行为的解释方法》在哥廷根大学取得教授资格。1933年起在基尔大学任教，二战后因其在纳粹统治时期的角色而一度被禁止执教，1949年起重新出任基尔大学教授，1960年转任慕尼黑大学教授直至退休。

主要著作有：

《债法教程》，1953年第1卷，1956年第2卷

《德国民法总论》，1960年

《法学方法论》，1960年

论作为科学的法学的不可或缺性

1966年4月20日在柏林法学会的演讲

目录

前言 …………………………………… 5
一 ……………………………………… 7
二 ……………………………………… 16
三 ……………………………………… 25
四 ……………………………………… 32
五 ……………………………………… 39

前　言

后面的文字所记录的是我于1966年4月20日在柏林法学会所做的演讲。对于我的论述，我没有做文字上的改动，只是为了付印而加上了一些注释，从而说明文献来源，并且在一些问题上使我的论述更为清晰。演讲题目的表述是摹仿基尔希曼（Julius von Kirchmann）将近120年前在同一个法学会所做的著名演讲。我的目的在于，就今日之法学自身对它与法律实践的关系的理解做一个小结。同基尔希曼针对他那个时代的法学提出的批评进行争辩，使人有机会对我们的法学从那时以来所走过的道路有所了解。基尔希曼的演讲为我国的法学如此令人遗憾地理论脱离实际的历史标示了一个高潮。与此相反，我所要做的是让理论工作者和实务工作者的对话继续下去，每个人越清楚自己的特殊任务，这样的对话就将越富有成果。我认为，设于我们各个最高级别法院所在地的这些法学会，尤其是进行这样的对话的适宜场所。因此，我感谢柏林法学会为我提供了做这个报告的机会。

卡尔·拉伦茨

一

1847年，当时担任检察官的尤利乌斯·冯·基尔希曼[1]——他同时还由于几部哲学方面的作品而出名，但这些作品今天已被淡忘——在柏林法学会做了一个题为"论作为科学的法学的无价值性"（Über die Wertlosigkeit der Jurisprudenz als Wissenschaft）的演讲[2]。这个演讲引起了非同寻常的

---

[1] 关于基尔希曼详见施廷青/兰茨贝格（Stintzing/Landsberg）：《德国法学史》（Geschichte der deutschen Rechtswissenschaft），Ⅲ，2，第737页以下。其中的总体评价称："这就是那个在1847年宣称法学无价值的人，一个有点古怪、有点荒唐，但是受过良好教育的深邃的思想家，一个地位显赫、经验丰富的法律实务工作者，一个真正热爱科学和真理的人。他并不是想引起轰动，而只是在表达他的信念。"

[2] 这个演讲稿被多次重印。本文引用时所依据的是达姆施塔特科学书社（Wissenschaftliche Buchgesellschaft Darmstadt）1956年版。

轰动③,喜欢法学的人和蔑视法学的人同样经常引用它。这个演讲中的几处尖刻字眼简直成了名言,其中最著名的就是那句"立法者的三个更正词就可以使所有的文献成为废纸"④,它道出:法学所付出的种种努力,其价值不过是昙花一现。然而,法学研究对象——实在法——的飘忽不定,以及由此衍生出来的法学在获得能够经受时间考验的认识方面的无能,并非让基尔希曼认为法学无价值的唯一原因。他至少是同样尖刻地批评了法学家拘泥于故纸堆的倾向以及一切法学和法律的保守特征。他认为法学以敌视的态度阻碍了法的进步,法学倾向于"按照已经过时的条条框框来构建现今的制度"⑤。法学钟情于过去而忘却了现实。当法律

---

③ 1848年,法哲学家施塔尔(Friedrich Julius Stahl)即发表了针锋相对的文章《法学抑或民众意识》(Rechtswissenschaft oder Volksbewußtsein)。关于对基尔希曼演讲的思想史定位,除了已经提到的施廷青和兰茨贝格的论述外,还可参考维亚克尔(Wieacker):《近代私法史》(Privatrechtsgeschichte der Neuzeit),第245页;埃里克·沃尔夫(Erik Wolf):《伟大的法律思想家》(Große Rechtsdenker),1963年第4版,第592页、第625页以下。
④ 参见基尔希曼演讲稿,第25页。
⑤ 同上,第16页。

论作为科学的法学的不可或缺性

的发展使人们确实需要法学的帮助时，法学却不能令人得到满足[6]。最后，与实在法的纠缠不仅使得法学为了那些短命的或者僵死的东西耗去主要精力，而且使得法学把错误甚至荒唐当作有效的东西加以粉饰。因而，"法学本来应该传播真理，可是实在法却使法学不得不服务于偶然、谬误、狂热和愚昧。法学的研究对象本应具有永恒性、绝对性，现在却充满了偶然和缺陷；可以说法学是从苍穹掉进了泥沼。"[7]

这个演讲的论战形式及其刻意采用的夸张措辞[8]清楚地表明，基尔希曼的根本意图在于唤起批评性的自我反思。仅就个别说法而言，相对来讲比较容易证明它们不正确或者夸大其词。尽管如此，我们还是难以摆脱基尔希曼的演讲所带来的强烈震撼。反之，指出这样的事实是没有多大意义的，即总还是有一些法学著作，尽管它们所涉及的实在法早已不再有效，我们今天仍然能够从中获得智慧。例如萨维尼（Friedrich

---

[6] 参见基尔希曼演讲稿，第42页。
[7] 同上，第23页。
[8] 基尔希曼自己在序言中也请读者原谅他的"演说风格"。

Carl von Savigny)的《当代罗马法的体系》(System des heutigen römischen Rechts),直到前不久,弗卢梅(Werner Flume)还为了现今而运用这部著作[9]。此外还有费尔巴哈(Paul Johann Anselm von Feuerbach)、格老秀斯(Hugo Grotius)和普芬道夫(Samuel von Pufendorf)。《民法典》(Bürgerliches Gesetzbuch, BGB)的生效绝对没有使所有普通法的文献成为"废纸"。人们也几乎不能再指责今天的法学不关注法的深入发展,因为没有法学的帮助,许多创新根本不可能实现——我在此只从我所熟悉的领域中举几个例子:例如"缔约过失"制度(culpa in contrahendo),例如债权关系构架中对一系列保护义务和其他行为义务的采纳,例如形成权(Gestaltungsrecht)、期待权(Anwartschaftsrecht),例如将危险责任(Gefährdungshaftung)发展为独立的责任原则。至于说法学不研究具有"永恒性、绝对性"的事物而关注

---

[9] 在他的《民法总论》(Allgemeiner Teil des Bürgerlichen Rechts)第 2 卷(1965年版),参见该书第 5 页、第 30 页、第 49 页以下、第 129 页、第 130 页、第 174 页以下、第 294 页以下、第 402 页、第 440 页以下。

论作为科学的法学的不可或缺性

世俗的、谬误的东西,这样的批评在我们这个对绝对价值持有如此怀疑态度的时代,很难令人信服。尽管这样,无论基尔希曼的肤浅论据多么容易被驳倒,我们仍应面对一种激励,一种挑战。

细想一下,正如基尔希曼自己在他的演讲开头部分指出的那样[10],法学作为科学的无价值性这个论题有着双重含义。它一方面可以解释为法学"作为科学"是无价值的,它不能满足人们对科学提出的严格要求,因而对增益人的知识甚少贡献或者无所贡献,也不能与诸如自然科学、数学、心理学、社会学、历史学等等人们所公认的科学相比肩。而另一方面,这个论题也可以理解为,法学无论是不是科学,它都对现实的法律生活无所作为;法学对于立法和司法的进步,以及最终对于实现法律人所追求的正义——这种正义是相对的,并且注定是不完善的——不仅可有可无,而且还碍手碍脚。如果第一种主张成立,其结果无非是法学被剔除出科学的范围,然而作为一门法律技艺,

---

[10] 参见基尔希曼演讲稿,第7页。

10 或者无论人们怎么定义它，它总还能保有其对于现实法律生活的价值和意义；而第二种主张则会使法学的废除成为必要，如果人们认真对待的话。基尔希曼明确指出，人们对于他提出的论题既应从第一种意义上，也应从第二种意义上去理解。然而他并没有明确地说他希望看到法学被废除的结果，而且尤为重要的是，除了含混地提到几次在民众中生存着的"自然法"以外[11]，他没有说明应当用什么来代替法学。他的论述完全是在"破"，而没有"立"，这个缺陷比人们据以反

---

[11] 在基尔希曼看来，"自然法"（natürliches Recht）才是法学学术追求的"真正"对象；反之，实在法则不应成为法学的研究对象。他的演讲稿第 8 页写道："这个研究对象就是法律，就是在一个民族中生存着并且由每个人在各自的范围内实现着的法律，我们也可以把它称为'自然法'。"在第 21 页以下，基尔希曼将实在法与"自然法"对立起来，以表明实在法——就是那个被他称为"强行挤到了法律和法学之间，并且对两者都产生了很坏的影响"的"存在和认识的混合体"——带给"自然法"和法学的危害。基尔希曼所谓的"自然法"，并非人们通常所理解的自然法（Naturrecht）；毋宁说他的"自然法"和一般意义上的自然法正好相反，它不断地随着时代而变化，因而对于在现实后面跛脚跟进的法学而言，它总是一个难以企及的目标。基尔希曼的"自然法"也更不会是指习惯法，他认为习惯法的"僵硬"不亚于实在法。至于基尔希曼说法"存在于人们的潜意识中，存在于人们日常的行为（转下页）

论作为科学的法学的不可或缺性

驳他的其他问题都更重要[12]。

在我的演讲中,我将探讨基尔希曼的论题的第二重含义。至于法学将自己归入科学是否正确,我在这里不做进一步阐述。在另外的场合,我已经就这个问题表达过看法[13],这里我只强调一点:如果一个人将科学的概念限定得如此狭窄,以至于它只包括独立于经验性前提的逻辑和数学,以及仅仅致力于量的研

(接上页)举止中"(第10页),这毋宁表明,基尔希曼所理解的"自然法"不过是一种正义感,是这种正义感对每个具体个案的反应。基尔希曼提到他并不想否认"从自然法向实在法的演变是一种必然"(第21页),他认为这种"必然的演变"是由于"文化向更高阶段的发展、社会的分工、各种社会关系的日益复杂以及人们对稳定性和确定性的要求",据此应当相信,基尔希曼也并不认为向纯朴的"自然法"的简单回归是可能的,他也不想停留在正义感的层面。问题在于,他并没有为只专注于实在法的法学学术提供其他方案。

[12] 这一缺陷验证了维亚克尔(见注③所引书)的评价,即基尔希曼的演讲"几乎不能被定位为独立的思想立场",而只能说是"着眼于现实的实务界对学术思辨的自以为是日益反感的表现"。

[13] 在 Legazy Lacambra 的庆贺文集(圣地亚哥[Santiago de Compostela]1960年版)第179页以下;另见我的《法学方法论》(Methodenlehre der Rechtswissenschaft), 1960年版, 第5页、第6页、第34页以下、第83页以下。

究并且其结果可以表示为数量关系的自然科学，那么他尽可以不把法学或者任何一门人文科学当作真正的科学。对科学的概念做如此限定，是科学发展的某个特定阶段的结果，我认为这种限定是没有道理的；我更倾向于认为，科学是任何可以用理性加以检验的过程，这种过程借助于特定的、为其对象而发展出的思考方法，以求获得系统的知识。在这种意义上——请允许我做这样的设定——法学也是一门科学[14]。

我今天打算探讨的问题是，法学——也就是按照特定方法对实在法进行的思想的诠释和领悟[15]，即所谓

---

[14] 参见宾德尔（Binder）：《法哲学》（Philosophie des Rechts），1925年版，第838页以下；埃姆盖（Emge）：《法学哲学》（Philosophie der Rechtswissenschaft），1961年版，第58页以下。按照埃姆盖的说法（第59页），"客观精神的产物表现为关于问题的关联性、问题的解决方案、概念的影响、逻辑的权重关系的正确判断"，而科学的标志即在于"一种直接意图，它要将这种客观精神产物用一种与逻辑和概念的本质相适应、与对象相适应的形式"表现出来。即使依据这一描述，那些配得上"法学"这个称谓的作品也是以一种这样的意图为基础，这是无可争辩的。

[15] 因此我在这里排除了法律史和纯粹的法哲学，它们对于现实法律生活的意义是更为间接的，但并非微弱的。

的法律教义学（Rechtsdogmatik），包括比较法、法学方法论、法的一般理论——能够为现实的法律生活，为法官、公务员和立法者的活动做些什么，以及法学不能做什么。我提出的，与基尔希曼针锋相对的论题是：在当今法律生活的条件下，前述意义上的法学对于法律实务工作者是不可或缺的。但是它在多大程度上真正"有价值"，当然要取决于它在多大程度上完成它的任务。

然而，要论述法学对于法律实践的不可或缺性，会面临这样的风险，即对法学与法律实践的关系做出片面的判断。因此我从一开始就强调，我的论题在相反的意义上也应该是正确的。不仅法律实践总需要法学，而且法学也需要法律实践。套用康德的一句名言，可以说：没有法学的法律实践是盲目的，而不与产生于实践的各种问题相交融的纯粹的法学，是空洞的。也就是说，法学和法律实践的关系是一种交互作用的关系。请大家记住这一点，即使我在后面不再明确提到它。

二

按照我们今天的理解,法学有三重任务:解释法律,按照内在于法律制度的价值标准和思想尽可能发展法律,以及不断寻求用统一的视角诠释大量的法律资料,不仅为了外部的整齐划一和条理清晰,也为了尽量实现各种规则的内部统一和客观的协调。简而言之,法学的任务就是解释法律、发展法律以及——或许可以这样说——整合法律资料。前两项是法学和法律实践——尤其是司法——的共同任务,只有第三项是法学自己的任务。由此衍生出法学的三种工作方式,它们彼此有着不可切断的关联,必须从这种关联的角度加以考察。

首先,关于法律解释,或许可以认为,这里不需要什么科学方法,这项工作毋宁取决于直觉的领

论作为科学的法学的不可或缺性

会和正确的"判断"。一个法官,或者任何一个要适用法律的人,当他对法律的内容存有疑问时,难道可以既不求助于公开出版的法律文献又不遵循先例,而按照他的正义感,按照他关于正当合理的标准做出判断吗?我不怀疑,许多判决是以这种方式出笼的。只是问题在于,是否在任何情况下都可能这样做,最重要的是,能否允许各个最高级别的法院这样做。从形式上看,我们并不承认法院有遵循先例的义务。因此,最高级别的法院如果要完成其保证司法统一的任务,就必须有令人信服的理由。但是,现今的生活关系远非一目了然,各种关联也被如此地掩盖,以至于某种理由如果仅仅局限于含糊的一般利益,局限于应当坚持某种观点的确信,那么它就不能令人信服。任何一部法律都是介入到多姿多彩的生活关系中的规则的一部分,起到或直接或间接的作用。为了在一定程度上理解和正确估量这种作用,需要认真考察立法者所遇到的实际情况,考查他所追求的目标,以及隐藏在那目标之后的、立法者自己也许只是部分意识到、也许根本没有意识到的正义性原则。

认真分析规则所介入的客观情况是必要的，根据法律所包含的或者从法律制度整体中归纳出的评价标准对各种利益进行评价也是必要的，使我们认清这种必要性，是利益法学（Interessenjurisprudenz）以及由利益法学发展而来的评价法学（Wertungsjurisprudenz）的功绩[16]，这是毫无疑问的。正是从这里，发展出了对法律的目的解释方法[17]，以及按照规则在某项法律制度或者更大范围的生活关系的框架内的功能、按照法律制度整体的原则和评价标准，特别是按照《基本法》（Grundgesetz，GG）的价值定位（"合宪的解释"）解释法律的方法，而我们的各个最高级别法

---

[16] 关于早期的利益法学，参见我的《法学方法论》，第47页以下；关于利益法学向"评价法学"的发展，见第122页以下。关于"评价法学"，值得参考的著述有亨克尔（Henkel）：《法哲学导论》（Einführung in die Rechtsphilosophie），第229页以下；齐佩利乌斯（Zippelius）：《基本权利体系中的评价问题》（Wertungsprobleme im System der Grundrechte），1962年版。

[17] 关于对法律的目的解释，尤可参阅恩吉施（Engisch）：《法律思维导论》（Einführung in das juristische Denken），第3版，第79页以下。

院都或多或少自觉地在工作中运用了这些方法。基尔希曼对于这些解释方法一无所知，他也不可能知道这些方法，因为他那个时代的法学首先是着眼于历史的法学，实际上仅仅局限于法律解释的历史因素和逻辑体系因素，对于目的解释要么明确拒绝，要么予以忽视[18]。耶林（Rudolf von Jhering）的《法的目的》（Zweck im Recht）第1卷直到1877年才出版——也就是在基尔希曼发表演讲近30年之后。与19世纪的法学相比，今天的法学在法律解释方面拥有广泛得多的方法上的辅助手段。当今的法学首先已经不再把探求历史上的立法者的意图看作它的唯一任务，而认为解释法律的任务与现时

---

[18] 萨维尼在他的由 Wesenberg 出版的关于法学方法论的讲义第39页、第40页明确拒绝了目的解释。在他的《当代罗马法的体系》中（第1卷，第218页以下），萨维尼虽然没有像在方法论讲义中那样完全拒绝考虑法律的目的或者"根基"，但是他也并没有在他所强调的四种解释因素——语法因素、逻辑因素、历史因素和体系因素——之外赋予目的因素以独立的意义。

有关[19]。同样，与当今的法律制度相联系并且着眼于现时的情形，对于一部法律如何解读才有意义，在回答这个问题时，历史上的立法者的意图仅仅是众多的辅助工具之一，无论法学将这种意图看得多么重要[20]。就此而言，基尔希曼的指责对于今天的情形肯定已不再适宜，这些指责是针对历史法学派做出的反应，该学

---

[19] 胡塞尔的阐述是适当的，参见《法与时间》(Recht und Zeit)，第26页："但人们在解释法律时将不得不顾及法律所产生于其中的历史关联。然而这仅仅是解释过程的出发点。进一步的任务必须是，将法律从它与产生它的那个时代的联系中提炼出来，并从思想上将它继续引导到现今之世。只有这样，才能使法律与当代和当代的问题之间发生生动的关系。"[此处提及的胡塞尔(Gerhart Husserl)系著名哲学家胡塞尔(Edmund Husserl)之子，当时为法兰克福大学法学教授。——译者]法律解释总是与法律在具体案件中的适用紧密相连，因而也就与它所要介入的现时情形分不开，正因如此，法律解释总是同现时息息相关，对于这一点，伽达默尔(Gadamer)在他的《真理与方法》(Wahrheit und Methode)第2版第292页、第311页以及其他地方多次正确地指出。另外，所谓规则的"意义演变"也无非是由于解释的变化，这种解释必须着眼于现今的情形，通盘考虑现今的法律制度。参见我的《法学方法论》，第261页以下。

[20] 值得注意的是，即使所谓主观解释论(subjektive Auslegungstheorie)的拥护者，例如纳维斯基(Nawiasky)(《法的一般原理》[Allgemeine Rechtslehre]，第130页)，也尝试考虑合乎时代的解释这一要求，他们希望，起决定作用的不是历史上的立法者当时的意图，而是"规范制定者显而易见的最终意图"，即推定的当今立法者的意图。

论作为科学的法学的不可或缺性

派或多或少是仅仅关注过去的。

然而怀疑论者在此或许要问：这一整套更为丰富的解释方法对于我们有何裨益？我们的法院所做出的决定因此而变得更好——也就是说更公正、更理性——了吗？或者哪怕是仅仅变得更可预测了吗？如果考虑到那许多历来争吵不休的问题和歧见，人们会倾向于对上面的问题做否定的回答。对此我要反驳：要求法学方法总能推导出绝对确定的、可以精确验证和预测的结果，这是误解了法的本质，也误解了法学研究对象的特性为法学所设定的界限。在关乎法的问题中，精准的确定性是不存在的，因为这里所涉及的不是单纯的量的大小。在此所牵涉到的是人的利益、人的命运，还有不同的正义观念和评价。对这里的冲突做出的裁判注定要冷落某一方，并且其程度往往足以伤及他对法的感受。在这里找出一种不仅定纷止争，而且令人信服、被视作解决冲突的公正方式的判决，这是困难的，有时甚至是不可能的。法律解释和法发现（Rechtsfindung）的理性方法首先帮助法官更清晰地看到案件中所隐含的法律问题，认清法律的评价并且将这种评价与案件联系起来。这在很多——即使不

16

是全部——案件中，已经为法官勾勒出了正确决定的轮廓。然而这样的决定几乎从来不是仅仅由已知前提推演出的逻辑上的必然结论，因为即使对所有的前提都有了正确的认识，仍然存在评价的问题。但是在这里必须纠正一种在法律人中间一向广为散布的错误认识，即认为当法律人开始评价之日，就是理性控制的可能性消失之时，也就是科学弃他而去之时[21]。法学

---

[21] 因此我认为这样的说法至少是容易引起误解的，即"任何解释本身都是一种决定，也就是在诸多可能的评价中做出的选择。"（而维亚克尔即这样认为，见《法律与法官艺术》[Gesetz und Richterkunst]，第7页）另外，埃塞尔（Esser）（《原则与规范》[Grundsatz und Norm]，第256页）认为决定中的"意志因素"是第一位的，并且他还赞同地引述了拉德布鲁赫（Radbruch）的说法，即解释方法是在结果已经确定之后才被选定，对此我也不能同意。这些说法以及类似的表述有其正确的一面，也就是说目的论的、以法律的内在评价尺度为准绳的解释有时也会带来模糊性，从而迫使法官个人决定价值取舍，对此我在正文中也表示认同。但是上面提到的说法带来的危险在于，它们使人过早地放弃努力，不再寻求一种与法律的评价、与明显内在于法律制度的原则相和谐的评价，在尚未尝试过理性法发现的全部可能性之前就开始进行个人评价。解释始终是一种精神的过程，该过程存在于解释者和被解释者的相互影响之中。在这一过程中，解释者要从被解释的条文的角度来校正自己已经形成的观点；同样，被解释的条文要产生效力，也只有借助于人们可能对它做出的理解。

并非仅仅为法官提供做出客观公正评价所需的经验性资料，它还提供法律所包含的、或多或少得到明确宣示的评价尺度。正如今天的"评价法学"所认为的那样，法律解释的根本任务恰恰在于，将这些评价尺度从包含它们的那些规范中剥离出来，阐明它们的范围、它们的相互关联或者彼此间的界限，从而以理性的方法为个案中需要寻求的价值判断做出准备，使这种价值判断高清晰度地——即使不是精确无误地——显现出来。

然而这并非总是可能的。在某些案件中，上述过程会导致某种"不清晰"，因此法官只能依据其个人的确信和责任做出决定。这时我们或许可以说，能够想到的几种解决方案都同样"有道理"。这一点是外行人往往不理解的。他所期待于科学的是，科学可以在任何事件中带来毋庸置疑的、客观的确定性。与此相反，法律人往往只能满足于主观的确定性。但是这并不能构成轻视法学所发展出的理性方法的理由。即使对于最终决定而言还有回旋余地，通过这些方法至少可以清楚地列出各种可能的解决方案，剔除不适宜的方案，从而使最后做出的价值判断变得清晰。藉此可以高度接近一种永远无法完全实现的理想状态，即司法应植根于理智的基础，这是无可争辩的。

三

上面关于法律解释的论述，同样适用于对法律的发展——这种发展以法学思考为基础。解释、寻找漏洞、填补漏洞以及通过法官对法律的发展而创造出全新的法律制度——最后这种情况并不常见——，就思维方式而言，这些活动之间只存在渐进的差别[22]。这并不意味着，这些差别不重要或者可以被忽视。在这里，

---

[22] 参阅我关于法律解释和法官对法律的发展之间的关系的论文，载于 Olivecrona 的庆贺文集（斯德哥尔摩 1964 年版，第 384 页），另见我的《法学方法论》，第 273 页以下；类似的观点见埃塞尔的《原则与规范》，第 259 页："在这种意义上，解释法律和发展法律是同一件事，尽管人们在彼处更加强调以能带来稳定性的方法阐明规范的暗示含义，而在此处则更看重或明或隐的追求目的的过程。填补漏洞和补充性解释并不是法官额外的造法性任务，它们与法律解释的再创造特征是同一的，而这种再创造特征是不可想象的，如果没有对原则的设想和考虑——这些原则将不同类的东西整合到一起。"

目的论的思维方式同样为人们指明道路。我们将实在法的规范——无论是某项特别制度中的规范还是某个自成一体的领域中的规范——看作一个整体,而这个整体则以一定的需要实现的目的和价值为基础。如果根据这些基本思想,应当对某种情形加以规范,而规范却不存在或者不合理,那么上述的意义整体就出现了漏洞[23]。这时,我们可以将为另外一种情形设计的规范移植到当前的情形,如果这两种情形就其决定性的评价原则而言能够被视为等同——这就是我们所说的类推(Analogie)[24]。在另一些情况下我们会发现,立法者忽略了生活关系中的某种差异,而这种差异需要法律上的区别对待。于是我们便进行这样的区分,通过

---

[23] 关于法律漏洞的定义有大量的文献。目前可参见卡纳里斯(Canaris):《法律漏洞的确定》(Die Feststellung von Lücken im Gesetz),1964年版。

[24] 对于法律上的类推结论来说,决定性的不是仅仅有形式逻辑依据的相似性,而是所比较的构成要件中那些对于评价具有意义的因素的一致性。参见我的《法学方法论》,第287页以下,以及我就作为方法问题的法官对法律的发展所写的论文,载《新法学周刊》(NJW),第65期,第1页,尤见第4页以下。

这一途径或许会使一则由于未做必要的区分而被拟定得过于宽泛的条款得到限制。这样我们就将该则条款引导回立法者的根本观念为其设想的适用范围。我把这一过程称为目的性限缩（teleologische Reduktion）[25]。这里总要涉及的问题是，以当前的情况为视角，对实在法中所包含的思想或者我们的法律制度的某项一般原则做进一步梳理，从而做出恰如其分的决定。这就要求既准确把握需要加以规范的情形，又准确把握我们的法律制度所提供的规范的可能性以及其中包含的评价尺度。为了了解这些，我们又要运用上面提到的那些解释原则。

尽管法官对法律的发展一直存在，但今天的法院显然比过去更加倾向于做这件事。这固然是因为，权力受"成文法律和正义之法"（Gesetz und Recht）约束的说法使得司法认识到，其发展法律的使命已为宪

---

[25] 参见我的《法学方法论》，第 296 页以下；*NJW* 第 65 期，第 5 页。其他人则称之为限制（Restriktion），例如恩内塞鲁斯（Enneccerus）和尼佩代（Nipperdey），参见他们所著《民法总论》（Allgemeiner Teil des Bürgerlichen Rechts），§59。

法所承认*。而法院除了对法律加以发展以外，也几乎没有其他选择余地，因为生活关系的急剧变动使人往往不能期待立法者，甚至立法者有时也毋宁让法院先行探路，例如在人格权（Persönlichkeitsrecht）领域就是如此。人们的确可以认为，我们的法院在这方面有时走得太远了。例如，基本上每次为侵害人格权而判处痛苦金（Schmerzensgeld）时都要列举的那些理由，在现行法的框架内（de lege lata），始终不能令我信服[26]。在禁止使用汽车的判例中，对财产损失概念的扩展也是如此[27]。关于这些问题，人们会有不同看法。无

---

* 德国《基本法》第20条第3款规定："立法受到宪法秩序的约束，行政权力和司法受到成文法律和正义之法的约束。"——译者

[26] 关于这些理由以及对它们的批评，参见我的《债法教程》（Lehrbuch des Schuldrechts），第7版，第419页以及那里列举的文献；另见维泽（Wiese）：《对非物质损害的赔偿》（Der Ersatz des immateriellen Schadens），第37页以下（赞同意见）；莱曼-许布纳（Lehmann-Hübner）：《民法总论》（Allgemeiner Teil des Bürgerlichen Rechts），第15版，第433、434页（批评意见）。

[27] 参见维泽，前引书，第17页以下；Zeuner，《民事实践档案》（AcP 163），第380页；另见我关于损害赔偿法中财产概念的论文，载尼佩代的庆贺文集，1965年版，第1卷，第489页；伯蒂歇尔（Bötticher）：《保险法》（Versicherungsrecht），1966年版，第301页。

论如何,我认为,当法院对法律加以发展时——也就是说它们实际上,即使不是形式上,是在向立法者提出新的规范时,它们应当为此提出学术上至少可以接受的理由。如果失去控制——这种控制只有科学方法可以提供[28],就存在太大的风险,即法官最后只是——当然是在不自觉之中——以他个人的评价代替了法律的评价。如此看来,司法对法律加以发展的合法权限,相应地要求一种科学的方法。可喜的是,我们的各个最高级别法院一般而言都有这种意识,而且也准备面对学术批评。

我刚刚已经提到,法学理论必须要经受实践的考验,就像实践面临问题时不能缺少理论之光一样。在理论工作者和实务工作者的对话中——遗憾的是这种对话在我们这里还是太少——,每个人都会带来一些

---

[28] 关于衡量法官对法律所做发展的"正确性"的标准,参见我的《法官对法律加以发展的成功标志》(Kennzeichen geglückter richterlicher Rechtsfortbildungen),卡尔斯鲁厄法学研习社丛书,第 64 种 (Schriftenreihe der Juristischen Studiengesellschaft Karlsruhe, Heft 64)。

其他人所没有的东西。实务工作者让我们近距离观察案件，并且认识到直接对案件做出决定的紧迫性。首先是通过案件以及通过这种紧迫性，才使法学面临的问题变得明朗。因而，某种法学理论能否对公正裁判做出贡献，成了该种理论的试金石，这是不无道理的。然而理论工作者的任务并不是裁处具体案件；他应当把这项工作留给实务工作者。但是另一方面，具体案件又从来不仅仅是孤立的个别现象。某个具体案件与其他那些既有共性、又有差异的案件是可资比较的。正义的基本要求就是，对于相同的东西——也就是在比较过程中被认可为同种类、同价值的东西，要加以相同的规范；只有对不同的东西，才做不同规范。因此在面对有待裁判的案件时，有必要考察具有可比性的案件，考察对这些案件的判决以及在该判决中体现的一般原则。而这恰恰需要运用理论工作者观察问题的方法：不拘泥于具体案件的特殊情况，而转为关注案件的典型性；概括不断重复出现的特征，建构上位的概念，揭示它们之间的关联。这已经超出了解释法律和发展法律的本来范畴，是法学典型的系统性成就[29]。缺少了这一成就,所有的解释将是残缺的,而法律的发展将会流于空洞。这里的关键在于,所寻求到的解释或者对法律的发展能够被镶嵌进法律制度的内部关联之中,它们能够与其他规范相协调。我们对法律进行任何发展时,都要问一句,这种发展和现实的法律制度整体、和它的主导原则是否相符。这样的监控是必不可少的,除非我们放任法律制度随心所欲地向任何方向发展。而对于这样的监控,法学的帮助又是不可或缺的。

---

[29] 法学总是系统性地,而不是"局部性地"运作,关于这一点,新近的文献可参见迪德里希森(Diederichsen),载《新法学周刊》,1966年,第697页。

四

对于法律生活而言,法学作为一种以一定方法为指导的、试图对现行法加以理性把握、解释和发展的努力,是不可或缺的,上面就是我论证这一观点的依据。然而基尔希曼的观点中还包含一种我们必须进一步研究的思想,那就是,法学之所以无论作为科学还是作为现实的法律生活都没有价值,是因为它的唯一对象——实在法——根本不值得人们付出如此努力。基尔希曼认为,实在法的规定相当大一部分是令人费解的、随机的,个别地方甚至经常是彻头彻尾的专断[30]。而法学所尤其关注的,恰恰是实在法中的这些部分。法学由于"只关注偶然,它自己也就变成了一种'偶然'"[31]。紧接着就是那句著名的:"立法者的三个更

---

[30] 参见基尔希曼演讲稿,第22页。
[31] 同上,第25页。

正词就可以使所有的文献成为废纸"。

法学的研究对象真的仅仅是偶然吗？它所关注的只是或者主要是实在法吗？也就是诸如某类期间的长短、某种规定的形式抑或某项交通规则之类，它们的确在某种程度上只是一种武断的确认，因而随时会走向其反面。而法学的研究对象究竟是什么？

毫无疑问，当人们探究什么是法学的研究对象时，会首先想到作为现实规则的实在法。而且属于实在法的不仅仅是法律和条例，还有体现在法院判决中的得到认可的法律信念、法律要求，以及事实上起作用的各种标准[32]。但是法学的研究对象还包括法律所调整的生活关系本身，包括典型的交易行为、经济和社会的现状以及各种各样的制度，简而言之，就是被胡贝尔（Eugen Huber）称为"立法所涉之实体"的东西[33]。法

---

[32] 自从埃塞尔的《原则与规范》一书出版后，就私法领域法官对法律的发展而言，关于这一点已经不存在疑问了。

[33] 参见其著作《法与法的实现》（Recht und Rechtsverwirklichung），1921年版。最近的文献还有特罗纳（Troller）：《法学的普适性原则》（Überall gültige Prinzipien der Rechtswissenschaft），1966年版，第61页以下。

学的任务之一,就是使规范及其所规定的生活关系发生联系,从而使规范可以正当地运用于生活关系,而生活关系对于法的规定而言也可以理解和规范。但是,无论过去还是现在,人们往往由于只关注规范而忽视了生活关系属于法学的研究对象。然而,将典型性的生活关系纳入法学的视野,这是现代法学最为显著的标志[34]。无论其具体形态如何,生活关系总是体现了特定的客观关联,而使这种关联变得清晰,是法学必须关心的事[35]。另一方面,也存在着由客观逻辑所决定的

---

[34] 在本世纪初为此开辟道路的又是"利益法学"和社会学法学(soziologische Rechtslehre),特别是欧根·埃利希(Eugen Ehrlich)的著述。对此另请参见坎特罗维奇(Kantorowicz)在1911年所做的演讲《法学与社会学》(Rechtswissenschaft und Soziologie)(收录于1962年以相同标题出版的他的选集,Thomas Württemberger 编辑)。对生活关系的关注尤其表现在那些在很大程度上并非依赖于某部现成法律而发展起来的法律部门,例如劳动法;但是在所谓的传统民法部门,这种关注也与日俱增。

[35] 法学首先通过考虑所谓的"事物的本质"来做到这一点。参见亨克尔:《法哲学导论》(Einführung in die Rechtsphilosophie), §25;最近的文献见特罗纳,前引书(注[33]),第184页以下。

论作为科学的法学的不可或缺性

法的结构[36]。并非只有客观关联、客观逻辑结构才构成法学的研究对象——这种对象决不仅仅是偶然或专断的产物,关乎法的各种问题同样也是法学的研究对象。现代比较法学告诉我们,关乎法的各种问题,尤其是现代社会的生活方式使我们面临的那些问题,在所有的地方都或多或少地存在;并且尽管不同的法律制度会以不同手段、不同途径解决这些问题,然而其最终结果却往往殊途同归。而这就使我们有理由确信,并非实在法中的一切都是由"实在"——即偶然的状况甚或立法者的专断——所决定。各种各样的问题、规范的以及客观逻辑的结构、"立法所涉之实体",这些对于立法者乃至法官而言,在很大程度上是预设的,而不能被抛诸脑后。虽然它们也可能随着历史而演变,但是相对于表面现象,相对于个别法律、条例以及法

---

[36] 这样的结构不受制于立法者的"专断",诸如物权(dingliches Recht)、请求权(Forderungsrecht)、作为整体的债权关系(Schuldverhältnis)、作为意在产生某种法律后果的举动的法律行为(Rechtsgeschäft)、代理(Vertretung)(对此可参见米勒-弗赖恩费尔斯[Müller-Freienfels]:《法律行为中的代理》[Die Vertretung beim Rechtsgeschäft]),它们所涉及的都是这种结构。

院判决，它们是相对稳定、有其自身分量的。而这些正是法学优先试图揭示的[37]。

这样我们就看到，法学除了负有刚刚谈到的那些使命——法律解释、法律发展、法律统一——之外，又有了一项新的任务：为立法作准备。说立法者——至少是我们这个时代的立法者——可以任意造法，这是不符合事实的。无论如何，如果一部法律要有较强的生命力，那么立法者事先就必须对有待规范的生活关系、对现存的规范可能性、对即将制定的规范所要加入的那个规范的整体、对即将制定的这一部分规范必然施加于其他规范领域的影响进行仔细的思考和权衡。还有一点在我们今天看来也是不言而喻的，即立法者也应当了解，有待规范的那些问题在其他法律制度中是如何加以规定的，从中体现出了哪些可能的解决方案。只有当所有这些前期工作完成之后，真正的立法活动才能开始；而对于这些前期工作而言，显然，

---

[37] 只有如此才可以理解，为什么——正如我在开始时讲到的——像普芬道夫、萨维尼这样重要法学家的作品仍然能够给人带来法学的启迪，尽管它们与现今"实在"有效的法律无涉。

论作为科学的法学的不可或缺性

法学的帮助是不可或缺的,无论是法律社会学、法律教义学、比较法学还是法的一般原理——如果所涉及的是对法学基本范畴的正确运用。此外,基尔希曼也是承认法学对于为立法作准备的实在价值的,只是他似乎对此并非自觉。因为他在演讲中有一处提到[38],法典越出色、越能反映"真理",它就越是"法学的内容——以最精确的形式得到表述的内容"。即使如基尔希曼所认为,法律制定者从中有所汲取的那些法学文献本身成了"废纸",只要科学努力的结果在一部好的法典中继续发生作用,这些努力就绝非毫无价值!

事实上,近代那些伟大的法典没有一部可以脱离同时代的法学而产生。奥地利《普通民法典》(Allgemeines Bürgerliches Gesetzbuch, ABGB)以及《普鲁士普通邦法》(Allgemeines Landrecht, ALR)以现代自然法学说、以托马斯(Christian Thomasius)和沃尔夫(Christian Wolf)的学派为基础。德国《民法典》(Bürgerliches Gesetzbuch, BGB)完全是由19世

---

[38] 参见基尔希曼演讲稿,第24页。

纪普通法时代的法学所孕育，它体现了那个时代法学的一切长处和弱点。瑞士《民法典》（Zivilgesetzbuch, ZGB）则是胡贝尔（Eugen Huber）这颗科学大脑的天才作品。当今的立法者更是不断运用法学所提供的法的范畴。立法者也和法官一样，必须容忍科学的批评；而今天我们是不缺少科学的批评以及由这些批评中产生的改革建议的。这里我只需要提及德国法学家大会（Deutscher Juristentag）所做的工作。法学绝对不是像一些人可能认为的那样，在立法的后面跛脚跟进，而往往是毋宁走在立法的前面。

五

我的阐述已近尾声。现在我要做的只是打消一种可能由于我前面的论述而产生的印象,即一切都已完美,法学也完全胜任它的任务。这绝不是我的看法。例如基尔希曼曾指责他那个时代的法学[39],说它"很容易走上邪路,沉溺于诡辩和不切实际的空想;法学著述中充斥的是无穷无尽的晦涩和各式各样的弊病",我们必须承认,这样的指责在今天仍然有一定道理。基尔希曼还说[40]:"哪个从事法律实务的人从来也没有深刻感受到他的职业的空虚和不足?哪个学科的文献中会像法学著述一样除去好作品之外还能找到这么多精

---

[39] 参见基尔希曼演讲稿,第34页。
[40] 同上,第8页。

神贫乏、索然无味的读物？"谁又能否认，即使在今天这种抱怨还是有其根据？的确，并非一切都已经完美，今日之法学有足够的理由进行自我批判。但是我们不下草率的断语。今天在我们看来有些费解的东西，或许包含着某种明天才能被全面揭示的真理。歧途和失误是任何时代科学——而不仅仅是法学——之路的特征。因此我们不应当对自以为掌握的学识过分确信，而要对不同声音抱有开放的心态，在有充分根据时，要乐于改变、更新观念。但是所有这些都不构成理由，使人听天由命，认为法学无用而将其抛开，或者像基尔希曼建议的那样回归"自然法"，即回归到每个人心目中的正义观念。因为我们肯定不能以这种方式去完成现代社会的发展向法律人提出的任务。

请不要忘记：人类今天有着空前的能力和机会。现代技术使我们面临的问题也包括人类——无论是个人、社会群体还是国家——如何共存。在当今，每一个人都与其他人息息相关。在这种广泛的相互关联中，要给每个人都提供施展的空间，才能确保其真正成为人，也才能使一切都保持均衡。如何解决这些问题，

论作为科学的法学的不可或缺性

才能使人类的技术成就为我们带来福祉而不是灾难，这是我们以及我们的下一代所面临的最大课题之一。我不相信，我们在这里可以不要法学的帮助，法学不仅从千年的经验宝库中汲取营养，而且在必要时使人获得探索新路的勇气。

今日的各种自然科学，它们所提供的改变人类生活的知识，有着无可争辩的辉煌。假如这种辉煌使得年轻人中那些最有天赋、最具独创性、最有科学潜力的头脑悉数倾注于这些学科，而留给法学的仅仅是一些只知道在祖辈、父辈已经踏出的道路上亦步亦趋，以图爬到某个可怜的职位、获得些许虚荣的人——情况有时看起来确实如此，那将是很可悲的。现在我以一种实际功用结束这场看来完全"没有目的"的报告：我将会感到荣幸，如果听众中有人获得了这样的感受，即献身于法学是值得的，因为这里同样存在大量尚未解决而又非常迫切的问题。然而这不仅需要掌握比过去多得多的知识，还需要对鉴别力的长期训练，以发现真正的问题并寻找到解决方案。而这对于所有学科来说都是一样的。在法学就像在任何其他学科：只有初涉者才相信所有问题均已解决,而最终人们会发现,几乎一切都是有疑问的。而无论在哪里,问题都是科学发展的动力。如何才能公正地解决各种各样的利益冲突?如何才能为共存建立有益的秩序?人类一天不停止这样的追问,法学就会存在一天,就会对人类——不仅由于它对实践的功用,而且作为人类精神的一种重要表达[41]——不可或缺。

---

[41] 这个问题已经超出了本演讲的有限的主题,特别探讨这一问题的是埃里克·沃尔夫的精彩报告《法学的可疑性与必要性》(Fragwürdigkeit und Notwendigkeit der Rechtswissenschaft [Freiburger Universitätsreden 1953])。

图书在版编目(CIP)数据

论作为科学的法学的不可或缺性/(德)卡尔·拉伦茨著;赵阳译.—北京:商务印书馆,2021(2023.7重印)
(德国法学名家名篇)
ISBN 978-7-100-19567-6

Ⅰ.①论… Ⅱ.①卡… ②赵… Ⅲ.①法学—研究 Ⅳ.① D90

中国版本图书馆 CIP 数据核字(2021)第 033402 号

权利保留,侵权必究。

德国法学名家名篇
论作为科学的法学的不可或缺性
〔德〕卡尔·拉伦茨 著
赵阳 译

商 务 印 书 馆 出 版
(北京王府井大街36号 邮政编码100710)
商 务 印 书 馆 发 行
北京捷迅佳彩印刷有限公司印刷
ISBN 978 - 7 - 100 - 19567 - 6

2021年7月第1版 开本787×1092 1/32
2023年7月北京第3次印刷 印张 1⅞

定价:28.00元